大展好書　好書大展
品嘗好書　冠群可期

大展好書　好書大展
品嘗好書·　冠群可期

實用武術技擊 23

詠春拳小念頭

附VCD

韓廣玖 著

大展出版社有限公司

彭南師傅指點作者詠春拳手法。

　　詠春拳第八代宗師黃仁智前輩指點作者「三佛化三星」
詠春拳秘練手法。

——作者與廣州高人鐵臂能
岑能大師合影。

作者與師傅區榮鉅在佛山
武術展覽前合影。

作者與岑南前輩龍形宗師曾跟（左）、
太極大師潘炎流（右）合影。

作者與前佛山市宣傳部部長、現順德區委書記
劉海先生合影。

作者與廣東惠州市弟子李國波及他的部分弟子合影。

作者與弟子李國波
在詠春堂合影。

岑南畫派大師趙少昂先生給作者題字。

作者與徒弟、戰友陳志就合影。

作者簡介

韓廣玖 1956年出生於廣州，自幼隨父習武，16歲從名師譚迪修蔡李佛拳，20歲參軍入伍並在邊防部隊磨練多年，20世紀80年代，先後師從詠春拳（梁贊派系）嫡傳八代傳人彭南及佛山太極宗師區榮鉅研習詠春拳及楊式太極、六合八法等拳術，同時專注於南派武術的系統研究並卓有成效，是中國武術段位五段武師，佛山武術協會理事。曾任廣東省佛山市精武體育會第23、24界理事，佛山市詠春活動中心副主任。

韓廣玖先生視研究和弘揚中華武術為畢生事業，不僅為此傳藝授徒，還注重深入生活，博取各家之長，突破傳統地域的限制，結合實際變通創新，逐步形成自己獨特的技藝風格，並提筆整理撰編武術專

著。已先後出版了《羅漢伏虎拳》、《蝴蝶雙掌與蝴蝶雙刀》、《鐵弓三線拳與行者棍》和《五形拳與十八纓槍》等多部南少林武術書籍，豐富和充實了中國傳統武術理論思想寶庫，爲海內外武術愛好者提供了重要的參考資料，深受海內外武術愛好者的青睞。

目　錄

詠春拳初級套路

37. 左後按掌
38. 右後按掌
39. 左右按掌
40. 提按雙掌
41. 提按雙掌
42. 提按雙掌
43. 抱月疊掌
44. 左右分掌
45. 抱短劍掌
46. 推抱劍掌
47. 抱短劍掌
48. 推長劍掌
49. 轉橋復掌
50. 抒將台掌
51. 雙按寸掌
52. 雙摩天掌
53. 雙按下掌
54. 雙弓背掌
55. 雙對指掌
56. 下攤伏掌
57. 下攤伏掌
58. 下攤伏掌
59. 左騎龍掌

60. 下攤伏掌
61. 下攤伏掌
62. 下攤伏掌
63. 右騎龍掌
64. 左歸心膀
65. 弓背中掌
66. 左摩耳掌
67. 右歸心膀
68. 弓背中掌
69. 右摩耳掌
70. 左日字拳
71. 右日字拳
72. 左日字拳
73. 右插沙掌
74. 左插沙掌
75. 右插沙掌
76. 將台抱掌
77. 將台守拳
78. 收鉗陽馬
79. 垂肩雙掌

詠春拳初級套路

　　小念頭是詠春拳的第一套拳。練習小念頭之目的是使初學者瞭解肘部的正確位置、中線攻防的要領以及簡而精的攻守動作和方法。

　　小念頭可稱為詠春拳中的代表套路，在這套拳中，習者可以充分地學習詠春拳中所有的攻防之法。

　　練習此拳時必須做到全身放鬆，意念集中，摒除雜念；舌頂上腭，呼吸自然；提肛、收臀，兩腳始終保持原地不動；出手時注意運用巧力，力輕意重。緩緩地練習，從頭至尾8分鐘，方可收功。

　　能夠持之以恆地練下去，習者會自覺精力充沛，勁略大增，功力深厚無比。

　　在實戰搏擊中，小念頭的手法具有很強的實用性，關乎過招時的成敗。

　　所以，習練者要嚴格按照動作要領去苦練，熟練掌握小念頭的手法，這樣才能有助於日後黏手的練習，儘快過渡到較高深階段。

圖1-1

圖1-2

圖1-3

1. 拍腳鉗陽

兩腳併攏站立，雙膝向左右微開，雙腳掌外側緊鉗於地，兩腳掌著地。當兩膝微開後，收提臀部，環跳凹陷，沉腰（圖1-1）。

2. 垂肩雙掌

依上勢，兩手自然下垂，雙掌心朝向大腿兩側並貼褲縫，雙拇指向前上緊扣，四指併攏，兩手促勁（同圖1-1）。

3. 開鉗陽馬

雙腳掌外側著地緊鉗，雙腳跟離地向後左右移開成「八」字形（注意開膝）（圖1-2）。

然後，雙腳前腳掌向左右移開，成反「八」字形（圖1-3）。

雙腳跟半步呈「11」字形，最後為二步半，再開膝沉腰，臀部緊收，沉肩，會陰上提（提肛），氣沉丹田，上身挺立，勿後仰或折腹（圖1-4）。

圖1-4

4. 垂肩雙掌

依上勢，用肩肘腕轉動雙臂往外攤，成半陰陽仰掌，拇指緊扣（圖1-5）。

圖1-5

5. 將台仰掌

依上勢，用肩、肘、腕行肘底勁，提抽成將台掌，掌心朝上，上行到無法再上時止，雙肘內收（圖1-6）。

圖1-6

圖1-7

6. 雙插沙掌

依上勢，化將台掌，掌心朝內，雙臂交叉，左上右下，雙臂貼肋行虎口勁往左右下插（圖1-7）。

拆門解義

詠春拳套路中，抽將台仰掌與日字將台掌相同，是後肘法。如搏擊中被對方從後抱住，我突然轉身打後肘，則功效顯著。鐵指插沙掌在搏擊中常配合其他手法一起使用，主要用來破解對方上、中路的攻擊。插指掌不僅可與標指和日字拳二式配合，也可配合馬步一起使用。例如，當對方用腳踢向我方下腹部時，插指掌即可變為雙拳，配合退馬或進馬，擋格對方來腳。

詠春拳中的對練黏手左方人為甲、右方人為乙。

【例1】
甲方一個低插拳打向乙方腹部，乙方即用左下插掌進行攔截（圖1-8）。

圖1-8

【例2】
乙方用左插掌黏住甲方打來的拳後速向外帶，同時衝出右直拳或剎掌，打擊甲方的臉部、胸部；或用標指插其喉部（圖1-9）。

圖1-9

7. 胸前抱掌
依上勢，行肘底勁提至將台。注意留中，即掌與胸相距一拳之位（圖1-10）。

圖1-10

圖1-11

圖1-12

圖1-13

8.將台守掌

依上勢，兩掌心向左右肋間抽回，即時化掌為拳（注意吸氣、挺胸、收腹），雙手握拳（從尾指握起），收至腋間（圖1-11）。

拆門解義

將台守拳（後肘法之一）在詠春拳套路中並非只是某一組的開式或收式動作，它也是一種攻防動作，屬於後肘攻擊法。拳訣曰：「寧挨十拳，莫挨一肘。」在實戰搏擊中，特別是短橋手中，用肘攻擊往往要比拳厲害得多，能收到意想不到的效果。

【例1】

甲方突然從後面抱住乙方腰部（圖1-12）。

乙方迅速微蹲，運用後肘（或左或右）出其不意地打擊甲方（圖1-13）。

【例２】

　在黏手中，甲、乙方同時向前一步，取「纏撞掛漏」手法（圖1–14）。

圖 1–14

　甲、乙方或左或右用肘部撞擊對方（圖1–15）。

圖 1–15

9. 左日字拳

　依上勢，行虎口勁，腕用力把左拳推出正前方，右手不動，目光注視拳口或前方（圖1–16）。

圖 1–16

圖 1-17

圖 1-18

圖 1-19

10. 十字擺指

依上勢，拇指緊扣，四指併攏，以虎口勁向前直標，臂仍直伸，腕促四指下插、翹指上插、下插，用勞宮促勁轉掌外插、內插、外插（左右左插）。然後掌心朝下，行虎口勁屈腕內插掌（掌心朝內），行腕勁下插、翹起平直插，握拳用肘拖回成將台日字拳（圖1-17～圖1-29）。

拆門解義

推左日字拳，又稱日字沖拳，是詠春拳中比較重要的攻擊手法。因為直沖拳兩點之間的距離最短，又加上左、右、左直拳不斷出擊，形成連環沖拳，故殺傷力很大。左、右日字沖拳一般配合其他招式動作使用，被稱為「連削帶打」，是在搏擊中使用最多的一式。

圖 1-20　　　　　圖 1-21　　　　　圖 1-22

圖 1-23　　　　　圖 1-24　　　　　圖 1-25

圖 1-26　　　　　圖 1-27　　　　　圖 1-28

圖1-29

圖1-30

圖1-31

【例1】

　　乙方用左直沖拳，向甲方前胸或腹部打來，甲方迅速出左手攔截（圖1-30）。

【例2】

　　甲方迫步向前變右掌攔截乙方手的同時，迅速用左手打擊乙方的臉部（圖1-31）。

【例3】

甲方用右直沖拳向乙方上路打來，乙方即迅速用左手攔截（圖1-32）。

圖 1-32

乙方截住甲方來拳後迅速搶內簾，同時用右手攻擊甲方臉部或胸部（圖1-33）。

圖 1-33

【例4】

甲方以右直沖拳向乙方上路打來，乙方即用左攤掌攔住甲方的沖拳（圖1-34）。

圖 1-34

圖 1-35

圖 1-36

圖 1-37

乙方在用左攤手攔住甲方直沖拳的同時，以右直沖拳迅速打擊甲方的臉部（圖1-35）。此法又稱「左攤右打」。

【例5】

例4是以內簾打手，而例5是以外簾打手。乙方用日字沖拳向甲方上路打去，甲方迅速用右攤手攔截（圖1-36）。

當甲方截住乙方的沖拳時，馬上以左日字拳擊打乙方臉部（圖1-37）。此法又稱「右攤左打」。

解：十字擺手是詠春拳中使用的「長橋」寸勁。本門的長橋發勁，通常是在肘部遠離腰際時，由內力來產生強大的攻擊力。一般外家拳發力的方法是把拳收於腰際，然後再發力衝出，而詠春拳的發力方法則是以長橋

運氣。與外家拳相比，這種
以長橋運氣發力的方法不論
是出拳速度還是力度都具有
較明顯的優勢，所以，擺指
行腕勁的練習就更顯其重要
性。

【例1】
　　甲方用右沖拳向乙方上
路打來，乙方迅速用右直拳
將甲方來拳攔住（圖1-
38）。乙方迅速用肘底勁壓
打甲方頸前，然後變為十字
擺指掌直插向甲方的喉部
（圖1-39）。

11. 右日字拳

　　依上勢，行虎口勁把右
拳推出正前方，腕要促勁，
左拳不動，目光注視拳口
（圖1-40）。

圖1-38

圖1-39

圖1-40

圖 1-41

圖 1-42

圖 1-43

12.十字擺指

依上勢，拇指緊扣，四指併攏，向前直標，並以虎口促勁。當臂直伸時，用腕推動四指下插，翹指上插、下插（用勞宮促勁），復掌外插、內插、外插（掌心朝下），內擺掌，掌心向內屈腕內插掌，行腕勁下插、復翹起直插，握拳，用肘拖回成將台日字拳（圖1-41～圖1-54）。

拆門解義

與左推日字拳同。

圖 1-44　　　圖 1-45　　　圖 1-46

圖 1-47　　　圖 1-48　　　圖 1-49

圖 1-50　　　圖 1-51　　　圖 1-52

圖 1-53

圖 1-54

圖 1-55

13. 左攤仰掌

依上勢，化日字拳為豹拳，然後變掌，用肘底勁推出變為單攤掌，掌尖向右，再用腕勁翹指成60°左掌尖，再用肘推出正前方成左攤掌，肘與肋相距一拳之位（即回手要留中）（圖1-55）。

14. 左單拜掌

依上勢，用腕勁行半圈擺指再翹指起豎掌，成單拜掌後，用肘拖回，拜掌與胸口相距一拳之位（要留中）（圖1-56）。

拆門解義

左攤仰掌、左單拜掌是由攤掌、拜掌（又稱護手）和弓背留中掌（又稱伏手）等招式組成。它是一組以緩慢留中的行功最重要的招式。拳訣曰：「氣在先行，力在後隨。」在詠春拳中通常稱為「三拜佛」，即先是推去一遍攤手，然後是三遍拜佛掌及三遍弓背留中掌。每次拜佛掌都要留中，每次弓背留中掌都要歸中，即肘與肋間留一拳之位。練習這一組動作的目的，主要是在於練「意」與「氣」，使初學者的臟腑得到鍛鍊。緩緩地運氣，送去必用呼（推出弓背留中手用呼），接來必

圖1-56

圖 1-57

用吸（收歸拜佛掌用吸），反覆三次地配合呼吸行拳。此中的玄妙只在於呼與吸。古人云：「練筋必先練氣。」由長時間的開膝提肛，增大了下盤的功力；一呼一吸，使五臟六腑得到了調息（屬詠春拳中「腎氣歸原」的內功訓練法之一），「氣行脈外，血行脈中」，對增強體質可有意想不到的功效。

【例1】

甲方用右直沖拳向乙方上路打來，乙方迅速用右攤掌攔住甲方來拳（圖1-57）。

乙方馬上上步，用左掌（拍）打擊甲方肋部（圖1-58）。此法又稱「右攤左打」。

圖 1-58

【例2】

甲方用左直拳向乙方上路打來，乙方迅速用左攤手將乙方來拳攔截住（圖1-59）。

圖1-59

乙方左手攔住來拳的同時，迅速上馬，以右拳變掌打擊甲方的肋部（圖1--60）。此法又稱「左攤右打」。

圖1-60

左、右拜佛掌是一種四指併攏朝天置於胸前的拜佛掌（又稱護手）。掌的正確位置應處於人體的中線。其主要作用，是在實戰搏擊中作為第二防線，並伺機反擊對方的進攻（圖1-61）。

圖1-61

圖1-62

圖1-63

圖1-64

拜佛掌的功用

（1）問路（又稱為盲公問路）

在內家拳法中叫「耕欄或攤膀手」，一般用於與對方對峙或樁法中對打（圖1-62）。

（2）以拜佛掌為二線防護

乙方攻勢雖被甲方用膀擋住（圖1-61），但乙方卻繼續壓打。此時乙方可用拜佛掌將甲方膀手封住，說明乙方拜佛掌在起作用（圖1-62）。

【例1】

乙方用日字拳打向甲方中路，甲方即用膀手攔截（圖1-63）。當乙方的日字拳被甲方用膀手攔住時，乙方繼續壓打甲方的胸部，甲方即可用拜佛掌作第二道防護，說明甲方拜佛掌在起作用（圖1-64）。

甲方以直拳變問路手由上方壓打下來，這時拜佛掌即可發揮作用（圖1-65）。

圖 1-65

【例2】
乙方用日字沖拳將甲方「問路手」下壓，直打甲方的胸部（圖1-66）。

圖 1-66

甲方即用拜佛掌作第二道防線（圖1-67）。

圖 1-67

圖 1-68

圖 1-69

圖 1-70

（3）上　路

如對方出手時露出上中路手，拜佛掌即可穿插，變標指猛插向對方的頭、眼等部位。此招的過程一氣呵成，也就是我們常說的「連削帶打」。

【例】

甲方用拳向乙方上路打去，乙方即用右拜佛掌攔截甲方來拳（圖1-68）。

乙方乘勢用右拜佛掌將甲方出拳下按，並同時上步用標指猛插向甲方的眼、喉等部位（圖1-69）。此法又稱先擋後標。

（4）中路訓練

當對方出手攻擊我的肋、腹、胸等部位時，拜佛掌即可變為「攤手」截住對方來拳，並同時以另一手反擊。此招稱為左護右擊或右護左擊。

【例】

甲方用右直沖拳向乙方

胸部攻擊，乙方即用右拜佛掌將乙方拳攔趕出簾外（圖1-70）。

然後乙方迅速將拜佛掌變為攤轉拉手，同時用左直沖拳打擊甲方的臉部（圖1-71）。

圖 1-71

（5）下路訓練

若對方攻擊我方腹、肋等部位，拜佛掌可即時化為插沙掌來化解對方的攻擊。

【例】

乙方用低右直拳打甲方腹部，甲方馬上將拜佛掌變下插掌攔截乙方來拳（圖1-72）。

圖 1-72

在甲方用下插掌攔住乙方來拳的同時，出左直拳打擊乙方的臉部（圖1-73）。

（6）受重力所壓打

當對方以重力壓下拜佛掌時，我可用拳訣中的「按頭起尾，按尾起頭，按中間飄膀起」的方法來化解。

圖 1-73

15. 左弓背掌

依上勢，用掌根內收（即掌收至掌心朝內），用肘勁推出正前方。要歸中，推至不能推為止（圖1-74）。

圖 1-74

16. 左單拜掌

依上勢，用腕勁下擺指、外翹指，翹起豎掌成單拜掌，然後用肘拖回，要留中（圖1-75）。

拆門解義

弓背留中掌（又稱伏手）是詠春拳三式中的一式。以指扣緊連全掌一起儘量向內彎曲成鋤狀，故前輩稱之為「曲手」或「留中手」。其特點是不管手肘怎樣出，始終歸中（後留中手）收貼身慢回（留中為一拳位）。在對練時位置一定要擺好，掌背向對手，掌心向自己，一旦鉤住對手，手形則變幻莫測：手腕向下按成伏手，繼續下按成按手；

圖 1-75

將掌心翻上即變成攤手。其鬼神莫測之變化還需習者在黏手中慢慢地加深體會。它在黏手中的地位舉足輕重。

【例】

注意乙方的伏手是從弓背留中手變化而來（圖1-76）。

圖 1-76

17. 左弓背掌

依上勢，用掌根內收（即掌背朝外），掌心向內，用肘勁推出正前方，注意歸中（圖1-77）。

圖 1-77

18. 左單拜掌

依上勢，用腕勁下擺指，外翹豎掌成單拜掌，用肘拖回，注意留中（圖1-78）。

圖 1-78

圖 1-79

圖 1-80

圖 1-81

19. 左化上掌

依上勢，保持留中位置，用肘向右肩推動成拜佛掌，推出正前方為行化上掌。屈腕橫掃掌，用腕勁下擺指（即「裏簾必爭」），再外翹平指，全橋保持不動，握拳用肘拖回成將台日字拳（圖1-79～圖1-86）。

拆門解義

如對方拳從我拜掌左邊打來，我即用左行化掌將對方手趕去左邊；如對方拳從我拜掌右方打來，我即以拜掌往右推，便可化解對方的攻勢。

圖 1-82

圖 1-83

圖 1-84

圖 1-85

圖 1-86

圖1-87

圖1-88

圖1-89

【例1】

乙方用日字沖拳打向甲方，甲方即以右拜佛掌將乙方來拳趕出外簾（圖1-87）。

【例2】

甲方用直拳打向乙方前胸，乙方即用拜佛掌（行化上掌）化解甲方攻勢（圖1-88）。

【例3】

在樁勢對峙時，甲方用日字拳向乙方中上路打來（圖1-89）。

乙方用左弓背留中掌
（或「攤」或「伏」）攔截
的同時，出右行化上掌，打
擊甲方的臉部（圖1-90）。

圖 1-90

20. 右攤仰掌

依上勢，化日字拳為豹
拳，再化拳為掌並用虎口勁
推出成單攤掌，掌尖向左推
至左膊旁，用肘推出前方化
為右攤掌（肘與肋相距一拳
之位），要留中（圖1-91）。

圖 1-91

21. 右單拜掌

依上勢，用腕勁下擺
指、外擺，翹起豎掌成單拜
掌並用肘拖回，要留中（圖
1-92）。

圖 1-92

圖1-93

22. 右弓背掌

依上勢，用掌根擺掌
（即掌心朝內），用肘勁推
出正前方，歸中（圖1-93）。

圖1-94

23. 右單拜掌

依上勢，用腕勁下擺、
外擺，翹起豎掌成單拜掌，
並用肘底勁拖回，要留中
（圖1-94）。

圖1-95

24. 右弓背掌

依上勢，用掌根下擺內
收（即掌心朝內），並用肘
勁推出正前方，要歸中（圖
1-95）。

25. 右單拜掌

依上勢，用腕勁下擺、外擺，翹起豎掌成單拜掌，並用肘拖回，要留中（圖1-96）。

26. 右化上掌

依上勢，保持留中並用肘向左肩推至成拜佛掌，外擺推出正前方成行化上掌，回腕橫插掌，用腕勁下插、外擺指（即裏簾之意），再翹平指，全橋保持不動，用肘拖回成將台日字拳（圖1-97～圖1-104）。

圖 1-96

圖 1-97

圖 1-98

圖 1-99

圖 1-100

圖 1-101

圖 1-102

圖 1-103

圖 1-104

27. 左化上掌

依上勢，化日字拳為左拜掌（掌心朝右），以肘力推至右肩，行肘底勁拖回左肋（掌心朝前），再用肘推出前方，回腕橫插掌，用腕勁下擺指、外擺，然後翹平指，握拳拖回成將台日字拳（圖1-105～圖1-114）。

拆門解義

左旋化上掌在詠春拳套路中稱「三拜佛」，並有立掌、橫掌、昂掌之分。詠春拳除三掌外還有側掌、陰陽掌、立掌等。實戰搏擊時多以正面全掌拍打對方，是後發制人的「連削帶打」，產生的威力可使對方受到重創。在出掌拍打對方的瞬間，其勁力源於腳而發於腿，貫穿於腰，形於手指，引丹田之氣送於掌心中。其特點是既可攻擊對方上中路，又可橫掌攻擊對方的下中路。昂掌和陰陽掌，現在

圖 1-105

圖 1-106

圖 1-107

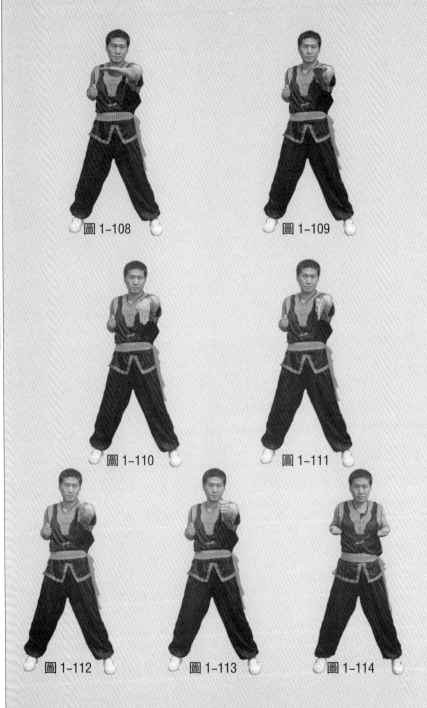

圖 1-108

圖 1-109

圖 1-110

圖 1-111

圖 1-112

圖 1-113

圖 1-114

較少人用，屬偏門，這裏不
作介紹。

　　對方用右直沖拳向我臉
部打來，我迎上用右手攤
住，緊接插出一正掌打擊對
方。

【例1】

　　乙方用右直沖拳打向甲
方，甲方即用右攤掌黏住乙
方來拳。甲方緊接用正掌打
向乙方的臉部（圖1-115）。

　　如對方用右直沖拳向我
打來，我迎上用左手攤住對
方來手，用右正掌向對方臉
部打去。

【例2】

　　甲方用日字沖拳向乙方
打來，乙方即用左攤手攔截
甲方（圖1-116）。乙方在
截住甲方來拳的同時，以正
掌打擊甲方的臉部（圖1-
117）。

　　以立掌去打擊對方，打
擊的部位通常是臉部、胸部

圖1-115

圖1-116

圖1-117

圖1-118

和背部等，這都是人體較難承受打擊的部位。如乘對方不備而打擊其臉部，能在較短的時間內使對方失去戰鬥力。如果根據時辰打擊對方的胸、肋、背等部位，用丹田之氣貫於掌心，則可發揮心到意到、意到氣到的功力，使對方受到重創。所以掌的運用和練習更需要把全身力量都調動起來，然後氣貫掌心，集於勞宮去拍打。我們熟習了詠春拳的上、中、下三掌，並能得心應手，便會在實戰搏擊中達到事半功倍的作用，例如在黏手中，可以一手制伏對方的雙手（此法常稱「以一伏二」），再把另一手騰出，出其不意地打擊對方的臉部。

【例1】

在雙黏手中，乙方突然出左掌打擊甲方的胸或臉部（圖1-118）。

【例2】

在黏手中，甲方有意引乙方出雙手在一條線上（圖1-119）。

圖1-119

突然以右手壓住乙方雙手。然後騰出左手，變掌直打乙方的臉部，或用標指手直插甲方的喉部（圖1-120）。

圖1-120

28. 右化上掌

依上勢，化日字拳為右拜掌（掌心朝左），以肘推至左肩，行肘底勁拖回右肋（掌心朝前），再用肘力推出前方，回腕橫插掌，用腕勁下擺、外擺，翹平指握拳拖回成將台日字拳（圖1-121～圖1-129）。

圖1-121

拆門解義

與左旋化上掌相反使用。

圖 1-122　　　　圖 1-123　　　　圖 1-124

圖 1-125　　　　圖 1-126　　　　圖 1-127

圖 1-128　　　　　　　　圖 1-129

29. 左閂攔掌

依上勢，化日字拳為掌，沉肩用肘由左腹角攔至右腹角，再以肘底勁行肘攔回左腹角，變橫掌推出成中掌，以腕勁下擺指、翹平指、握拳，再用肘拖回成將台日字拳（圖1-130～圖1-135）。

拆門解義

（左、右）閂攔中掌一般在對方攻擊我方下肋和下腹時，可將對方的手迫出外簾，並及時封住對方打來的拳或掌。因為肋部的上方是心臟，下方是肝臟，這些部位都是人體最難承受打擊之處，如果被擊中，或是肝臟受損或是骨折。故此，當對方以拳、掌、膝向這些部位打來時，即可用閂攔中掌結合身法的起落、進退、反側等來進行化解，並可伺機還擊。例如，當對方以膝撞擊我肋部，我即以閂攔中掌進

圖 1-130

圖 1-131

圖 1-132

行攔截，並用行橫掌反擊打
其下腹；在黏手中，當對方
左掌打我肋部，我可用閂攔
中掌封住，然後變橫掌反擊
打對方肋部。

圖 1-133

圖 1-134

圖 1-135

【例1】

　甲方以膝擊乙方肋部，乙方先以左閂攔中掌進行攔截（圖1-136）。

圖 1-136

　然後再用左閂攔中掌打擊甲方的肋部（圖1-137）。

圖 1-137

圖 1-138

【例 2】

　在黏手中乙方突然用左掌打擊甲方的肋部，甲方即用右閂攔中掌封住乙方來掌（圖1-138）。

圖 1-139

　隨即用橋手外擺使乙方的手不能歸中（圖1-139）。

圖 1-140

　甲方迅速變掌反擊，打乙方的肋部（圖1-140）。

【例3】

乙方用右日字拳打甲方中下路，甲方即用閂攔中掌攔截乙方（圖1-141）。

然後迅速變掌為鐵指插沙指，將乙方來拳攔出外簾（圖1-142）。

拳訣曰：「裏簾必爭」。甲方再由鐵沙插指變為刀掌拍打乙方的肋部（圖1-143）。

30. 右閂攔掌

依上勢，化日字拳為掌，沉肩，用肘由右腹角攔至左腹角，再以肘底勁行肘攔回右腹角，再化為橫掌並推出成中掌，以腕勁下擺指、外擺、翹平指，然後握拳用肘拖回成將台日字拳（圖1-144～圖1-149）。

拆門解義

同左閂攔中掌相反使用。

圖 1-141

圖 1-142

圖 1-143

圖 1-144

圖 1-145

圖 1-146

圖 1-147

圖 1-148

圖 1-149

31. 單插沙掌

依上勢，化日字拳為掌，以虎口勁用肘推插向右腹角，斜插成半陰陽掌，再慢轉回左腹化為陰陽仰掌，向前方成直橋提起，用腕勁下擺指、外擺、翹平指，最後握拳用肘拖回成將台日字拳（圖1–150～圖1–157）。

拆門解義

該掌與前述的雙插沙掌基本相同，主要作用是化解對方的攻擊。鐵指插沙掌也可以平插（又稱「穿花手」）。我們在練習上述動作時，要舉一反三，靈活運用。例如，當對方以低插拳或起低腳向我打來時，我可用插沙掌攔截，並配合使用日字拳反擊對方；也可以用「膀」或「攔」對付對方的攻擊，將對方來勢化解。這與下攔手大同小異，有同工異曲之效。又如，當對方用低拳打向我腹部，我即用左

圖 1–150

圖 1–151

圖 1–152

圖 1–153

圖 1–154

圖 1–155

圖 1–156

圖 1–157

鐵沙插指掌攔住對方來拳，
然後出右拳反擊，打擊對方
的臉部。

圖 1-158

【例 1】
　乙方用拳打向甲方中下
路，甲方用下插掌攔截住乙
方來拳（圖1-158）。

甲方迅速用沉肘爭搶裏
簾，並同時出右日字拳打乙
方的臉或胸部（圖1-159）。

圖 1-159

圖 1-160

圖 1-161

圖 1-162

【例 2】

乙方用右插拳由中路打向甲方，甲方用插手將乙方拳趕出外簾，同時用左拳打甲方的臉部（圖1-160）。

32. 單插沙掌

依上勢，化日字拳為掌，以虎口勁用肘插向左腹角，再斜插成半陰陽掌，慢轉回右腹角後化為陰陽仰掌，向前方成直橋，提起用腕勁下擺指、外擺、翹平指，然後握拳用肘拖回成將台日字拳（圖1-161～圖1-168）。

拆門解義

與左鐵指插沙掌相反運用。

圖 1-163

圖 1-164

圖 1-165

圖 1-166

圖 1-167

圖 1-168

33. 前左按掌

依上勢，化日字拳為前按掌（含胸拔背），用肘促勁往下按，再用掌往上提，沉肘促腕（指尖不過中線），注意留中（圖1-169）。

圖 1-169

34. 前右按掌

依上勢，化日字拳為前按掌（含胸拔背），用肘促勁往下按，再用肘往上提起，沉肘促腕（指尖不過中線），注意留中（圖1-170）。

圖 1-170

拆門解義

左、右、前、後按掌是以肩窩吐力，氣貫掌心，主要是練掌根下按的力。因肩膀因經常用力向下扯拉而肌腱鬆弛，所以，由肩至掌根下按可使肩膀、手部經絡得到充分鍛鍊，用以對付來拳或掌，如抆手。左右按掌是後攻擊手法，屬陰招。

35. 左提按掌

　　依上勢，化日字拳為前按掌（含胸拔背），用肘往下按，再用肘往上提，沉肘促腕（指尖不過中線），注意留中（圖1-171）。

圖 1-171

36. 右後按掌

　　依上勢，右肘往背後移動成一字肘並向下按指，再往後標，左肘往上提起至胸前（圖1-172）。

圖 1-172

37. 左後按掌

　　依上勢，左肘往背後移動成一字肘並向下按，右後肘順勢再提起，指尖向後（圖1-173）。

圖 1-173

圖 1-174

38. 右後按掌

依上勢，右肘往下按掌，指往下按、後標，左掌不動（圖1-174）。

圖 1-175

39. 左右按掌

依上勢，雙掌行勞宮勁往前轉，轉至掌指向前（圖1-175）。

圖 1-176

40. 提按雙掌

依上勢，用肘提雙掌至將台成一字肘，用肘勁向下按成左右按掌，最後指向前標（圖1-176）。

41. 提按雙掌

依上勢，用肘提雙掌至將台成一字肘，用肘勁向下按成左右捺掌，然後指向前標（圖1-177）。

圖1-177

42. 提按雙掌

依上勢，用肘將掌提至將台成一字肘，用肘勁向下按成左右捺掌，指向前標，上勢下勢共三次，然後向前轉抱掌（圖1-178）。

圖1-178

43. 抱月疊掌

依上勢，用掌根勁向前方擁抱（雙掌心朝內），然後右掌背與左掌心相疊行勞宮勁成胸前疊掌，注意左上右下（圖1-179）。

圖1-179

圖1-180

圖1-181

圖1-182

44. 左右分掌

依上勢，以肘肩勁兩肘後沉，雙掌掌心向下，用肘底勁歸中（圖1-180）。

拆門解義

左右分橋掌又稱「二手上勢掌」，經過一手正、一手反的長期訓練，能起到「長橋發勁」的作用；如收回，則可「短橋自保」。整套手法包括了抱掌、推抱掌、左右雙持掌和雙摩天掌。分橋掌可變多種姿勢。

45. 抱短劍掌

依上勢，掌根捺下，掌心相對，用肘拖回至肋間成一字肘，再行肘向前方推出，要歸中（圖1-181）。

46. 推抱劍掌

依上勢，發掌根勁，用肘拖回至肋間成一字肘，再行肘勁向前方推出，要留中（圖1-182）。

47. 抱短劍掌

依上勢，發掌根勁，用肘拖回至肋間成一字肘，前推後拉三次（圖1-183）。

圖 1-183

48. 推長劍掌

依上勢，當推接三次後，便用肘推動向前直標，沉肘促勁（圖1-184）。

圖 1-184

49. 轉橋復掌

依上勢，雙側掌向前直伸，用虎口勁向勞宮處捺下，全橋不動，掌心向下（圖1-185）。

圖 1-185

圖 1-186

圖 1-187

圖 1-188

50. 捋將台掌

依上勢，行肘底勁，用肘拖回將台成一字肘，在將台掌心朝下（圖1-186）。

51. 雙按寸掌

依上勢，行虎口勁，用肘推動往下按，按至二仙下（圖1-187）。

52. 雙摩天掌

依上勢，兩臂貼肋，行虎口勁往上斜插（圖1-188）。

53. 雙按下掌

依上勢，由肘至掌根用力下壓，向下按時運用勞宮勁相送，壓至丹田下，雙指翹起（圖1-189）。

拆門解義

雙捋按掌、雙按掌和單按掌，可鍛鍊肩、背肌肉和掌根力。平時需要苦練，實戰時才能顯現出長橋下按的優勢和該掌的殺傷力。例如，我們在搏擊中突然將對方的手下按，對方身體會因此失去平衡。

【例】

甲方用拳打向乙方，乙方突然一按，同時用按甲方的手又打回甲方的臉部（圖1-190～圖1-192）。

如果能熟練地同標指手結合出招，其殺傷力則會倍增。

圖 1-189

圖 1-190

圖 1-191

圖 1-192

圖 1-193

【例】

在雙黏手中，乙方突然按下甲方的出手，使甲方身體驟失平衡（圖1-193）。

乙方趁甲方改變身形、調整重心時以左手突然用標指打甲方的臉部（圖1-194）。

圖 1-194

在黏手中，乙方以直拳（掌）攻擊甲方，甲方立即用橋手搭住對方手，並突然將伏手變為按手，將乙方來手用寸勁往下按，使乙方身體平衡驟失，甲方則乘勢雙手突然上標，打向對手的眼或喉部（圖1-195～圖1-197）。

圖1-195

圖1-196

圖1-197

分橋手——抱掌——攤抱掌；雙捋掌——雙摩天掌——按掌——沉龍弓背掌，是一套化解對手進攻及反擊對手的掌法，在小念頭中可一氣呵成、連貫使用；也可配合其他手法或拆為單式使用。但必須經過嚴格的訓練和長期的實踐，方可正確、靈活地運用。按掌——沉龍弓背掌在實戰中是最常用的手法之一。

圖 1-198

【例1】

甲方用直拳攻擊乙方，乙方即用按手按甲方右手（圖1-198），在黏住對手後迅速按下，使甲方身體失去平衡而前傾，緊接著，乙方用左指標上打對方的眼（圖1-199）。

圖 1-199

如甲方以直拳攻乙方中路，乙方即用雙按手黏住對手，緊接著按下雙手或單手按掌，然後突然變沉龍弓背掌打擊乙方的下頜（圖1—200a、圖1-200b）。

圖 1-200a

圖 1-200b

圖 1-201

【例 2】

在黏手中，乙方突然用雙按掌拿取甲方，使甲方身體失去平衡（圖1-201）。

圖 1-202

此時甲方必要救腰，坐馬回拉，乙方即可乘勢用弓背留中掌打甲方的下頜或標指掌（圖1-202）。

圖 1-203

54. 雙弓背掌

依上勢，十指端扣勁，回腕、沉肩肘，向上斜沖成弓背掌，掌心朝內（圖1-203）。

55. 雙對指掌

依上勢，以直橋使雙掌相對，雙掌下擺指、外擺、背翹平指後握拳（圖1-204～圖1-207）。

拆門解義

這是一組運氣緩和的單雙掌，主要訓練呼吸、運氣和用氣。

圖 1-204

圖 1-205

圖 1-206

圖 1-207

圖 1-208

圖 1-209

56. 下攤伏掌

依上勢，行掌根，掌心以勞宮勁順勢往下捺（指不過中線），復用掌根、掌背、虎口順序往右跨移成半陰陽掌，不過膝（圖1-208、圖1-209）。

57. 下攤伏掌

依上勢，行掌根、掌心、勞宮順序往下捺（指不過中線），復用掌根、掌指、虎口順序往左跨移成半陰陽掌，不過膝（圖1-210、圖1-211）。

圖1-210

圖1-211

58. 下攤伏掌

依上勢，行掌根、掌
心、勞宮順序往下捺（指不
過中線），用掌根、掌背、
虎口順序往左跨移成半陰陽
掌（左不過膝），反覆三次
（圖1-212、圖1-213）。

圖1-212

圖1-213

59. 左騎龍掌

依上勢，用肘把掌往上翹指成拜佛掌（要留中），用肘勁以腕下擺指、外擺、翹平指，再用肘拖回成將台日字拳（圖1-214～圖1-216）。

拆門解義

左下攤伏掌、左騎龍沉肘摩耳掌是一組動作，可防中下路的進攻，在實戰中起下按和攤手的作用。在平時訓練中有意識去鍛鍊長橋發勁，以肩窩吐力，達到氣貫掌心、增強掌勁的目的，這是增強內力不可缺少的訓練。在黏手中，對方突然以左直拳打我胸部，我即用右手迅速下摸，便成下攤伏掌。如對方突然用左脫手打我左太陽穴，我可迅速用騎龍沉肘摩耳掌將對方的手趕至外簾。

圖1-214

圖1-215

圖1-216

圖1-217

【例1】

　甲方用日字拳打向乙方，乙方即用左下攤伏掌回擊乙方（圖1-217）。

圖1-218

【例2】

　甲方突然用左勾拳打向乙方的臉部。乙方即用騎龍摩耳掌封住來拳，再出直立掌回擊乙方（圖1-218）。

60. 下攤伏掌

依上勢，化日字拳為掌，用掌根、掌心、勞宮順序往下捺（指不過中線），再用掌根、掌背、虎口順序往右跨移成半陰陽掌，不過膝（圖1–219、圖1–220）。

圖1–219

圖1–220

圖1-221

圖1-222

61. 下攤伏掌

依上勢，用掌根、掌心、勞宮順序往下捺（指不過中線），復用掌根、掌背、虎口順序往右跨移成半陰陽掌，不過膝（圖1-221、圖1-222）。

62. 下攤伏掌

依上勢，用掌根、掌心、勞宮順序往下捺（指不過中線），然後再用掌根、掌背、虎口順序往右跨移成半陰陽掌，不過膝，反覆三次（圖1-223、圖1-224）。

圖 1-223

圖 1-224

圖 1-225

圖 1-226

圖 1-227

63. 右騎龍掌

依上勢，用肘把掌往上提，翹指成拜佛掌（留中），用肘勁以腕行下擺指、外擺指、翹平指、握拳，用肘底勁拖回成將台日字拳（圖1-225～圖1-228）。

拆門解義

與左右相同。

64. 左歸心膀

　　依上勢，日字拳化掌用肘勁推動，向斜前斜插（掌指下插不過臍），插指成半陰陽掌（膀手不過中線，肘與鼻成一線），要留中（圖1-229）。

　　拆門解義

　　歸心膀拳訣稱膀手。膀手在實戰中的使用機會特別多，原因是詠春拳招式多為後發制人。膀手是先鋒手，常先接住或擋住對方攻擊的手，然後再進行反擊。對付對方上、中、下各種攻擊手法，使用膀手常常能起到卸力的作用，如拳訣曰：「禁中間飄膀起。」膀手的妙處在於不丟不頂，可化解對方來勢。彼先動手，我則以手膀之，膀住對方來手，使對方措手不及，難以掙脫，再配合身形的腰馬橋，把從任何方位和角度打來的拳（掌）趕出外簾，故又稱「裏簾必爭」手。

圖 1-228

圖 1-229

圖 1-230

圖 1-231

圖 1-232

　　例如，乙方上拳打來，甲方高膀起，並迅速變沉肘成弓背留中掌將對方來拳趕出外簾，緊接著以標指打對方頸或眼（圖1-230～圖1-232）。如甲方用拳打向乙方，乙方用左手膀起，右手迅速抓住對方來手，沉肘、起左拳向對方臉部打去。

【例】

　甲方用右沖拳打向乙方，乙方即用左膀手攔截乙方（圖1-233）。

圖1-233

　用拜佛掌迅速抓甲方的手腕，左膀手化拳壓打甲方頭部（圖1-234）。

圖1-234

　乙方將打甲方頭部的左手下按並用右拳打擊甲方的頭部，即「連環壓打」（圖1-235）。

圖1-235

圖 1-236

圖 1-237

圖 1-238

65. 弓背中掌

依上勢，沉肘歸中位（圖1-236）。

66. 左摩耳掌

依上勢，行肘沉至肋留中，用腕翹掌，用肘推動，向上斜插成摩耳掌，再以腕勁下擺指、外擺掌、翹平指、握拳，用肘拖回成將台日字拳（圖1-237～圖1-243）。

拆門解義

左沉肘摩耳掌是以削為打。當膀住對方來手時，即速變「禁尾屹頭」之勢，沉肘將對方手趕出外簾，再用標指封對方雙眼（如前膀手應用）。膀手的應用很廣泛，我們將在續篇的《尋橋》中詳細地介紹高膀、中膀、低膀及單膀、雙膀等要領和用法。

圖 1-239

圖 1-240

圖 1-241

圖 1-242

圖 1-243

圖 1-244

圖 1-245

圖 1-246

67. 右歸心膀

依上勢，將日字拳化掌，用肘推動向前斜插（掌指下不過臍），下插指成半陰陽掌（膀手不過中線），肘與鼻子成一線，要留中（圖1-244）。

68. 弓背中掌

依上勢，沉肘翹腕指，肘沉至肋底歸中位（圖1-245）。

拆門解義

與左方向相反應用。

69. 右摩耳掌

依上勢，行肘沉至留中，用腕翹掌，用肘推動向上斜插成摩耳掌，以腕勁行半圈下擺指、外擺掌、翹平指，用肘拖回成將台日字拳（圖1-246～圖1-251）。

拆門解義

與左方向相反運用。

圖 1-247

圖 1-248

圖 1-249

圖 1-250

圖 1-251

圖 1-252

70. 左日字拳

依上勢，把左拳推出正前方（用腕促勁），推盡後再用肘拖回成將台日字拳（圖1-252）。

圖 1-253

71. 右日字拳

依上勢，把右拳推出正前方（腕要促勁），推盡後再用肘拖回成將台日字拳（圖1-253）。

圖 1-254

72. 左日字拳

依上勢，把拳推出正前方（腕要促勁），用肘拖回成將台日字拳（圖1-254）。

拆門解義

與前面的日字沖拳相同。如果同其他的手法配合使用威力則更大。

73. 右插沙掌

依上勢，化日字拳為掌，用肘向下斜插成半陰陽掌，再用肘拖回成將台日字拳（圖1-255）。

圖1-255

74. 左插沙掌

依上勢，化日字拳為掌，用肘向下斜插成半陰陽掌，掌插下後暫不上回（圖1-256）。

圖1-256

75. 右插沙掌

依上勢，化日字拳為掌，用肘向下斜插成半陰陽掌，暫不上回，右手在外，左手在裏（圖1-257）。

拆門解義

當我的手被對方抓住時，便可使出橫鐵指插沙掌脫手（擺脫）。詠春拳師一般不易被對方的擒拿手法制住，故使用鐵指插沙掌的機會較少，偶有使用也只是殺掌或斬脖。

圖1-257

圖 1-258

【例 1】

乙方突然抓住甲方的手腕（圖1-258）。

圖 1-259

甲方迅速用左插沙掌脫手（圖1-259）。

【例2】

　甲方突然被乙方抓住手
腕（圖1-260）。

圖 1-260

　速用插沙指解脫（圖1-
261）。

圖 1-261

76. 將台抱掌

　依上勢，把掌提至胸
際，左掌心向內，右掌心壓
左掌背，然後兩手左右分開
至兩指尖相對，雙手留中
（圖1-262）。

圖 1-262

圖 1–263

圖 1–264

圖 1–265

77. 將台守拳

依上勢，用肘往左右肋間抽回，化掌為拳，成日字將台拳（圖1–263）。

78. 收鉗陽馬

依上勢，雙腳掌前端緊鉗地面，雙腳跟向內收，隨即雙腳尖再向內收，在此基礎上雙腳跟再向內收，即成雙字鉗陽馬（圖1–264～圖1–266）。

圖 1-266

79. 垂肩雙掌

　　依上勢，用肘力化拳為掌，用肘推按雙掌到位，指尖翹擺下，雙掌心朝大腿（圖1-267）。

圖 1-267

大展好書　好書大展
品嘗好書　冠群可期